우리는
알아야
한다

세계를 바라보는
시선 넓히기

우리는 알아야 한다

송정주 지음

스쳐지나가듯 변화하는 사회 알기

좋은땅

목차

이 글을 열며

―――

처음 이 책을 쓸 때에는 평소 읽기만 하였던 이유로 호기심이 가장 컸다. 한편으로는 '내가 할 수 있을까?'에 대한 두려움도 있었다. 그러나 쓰기 시작하면서 망설임은 오래가지 않았다. 곧 다음 문장에는 무엇을 말할지에 대한 생각으로 바뀌게되었으며, 사회를 바라보는 나의 시선도 달라졌다. 이 변화처럼 내 책을 읽는 독자들도 첫 출발에 대한 두려움을 갖지 말고 도전하여 자신의 세계를 키웠으면 좋겠다.

그리고 아동폭력 중 정인이 사건은 빙산에 일각임을 알게되었다. 때문에 보호자에 의해 기본권이 침해받고 있는 사실에 제도적 차원의 보안이 시급한 것으로 보였다. 또 우리 내면에 잠재되어 있는 광기는 한 개인은 창작으로 예술의 가치를 만들기도 하고, 한 개인은 가족이나 이웃, 그리고 대중을 위험에 놓이게 한다는 사실이다. 때문에 광기를 구분 짓는 것도 위험한 요소를 지닌 사회문제라는 것에 공감이 컸다. 여기서 필자는 타자의 문제에서 우리가 알아야 한다고 고민하기 시작했다. 특히 점점 빨라지는 변화에 이 텍스트에서 말하는 사회의 현실에 관심을 기울여 주길 바란다.

그러므로 개인은 자신의 고유한 세계를 지킬 의무에 있으며, 스쳐지나가듯 변화하는 사회를 우리가 알아야 한다. 그리고 '왜?'라는 질문을 자신에게 물음으로써 세계를 바라보는 시선이 확대된다.

1

사마리안 법안이
필요할까

1

사마리안 법안이 필요할까

강도를 만난 한 사람이 죽음에 문턱에 있었다. 하지만 그를 구제한 것은 신분이 높은 제사장이나 레위사람이 아닌, 가난하고 소외된 사마리아인이었다. 사람을 구하는 도덕적 행위에는 자본과 지위가 아닌 선한 마음이다. 그런데 위험에 처한 사람을 돕지 않아서 생명권을 빼앗는 일이 벌어지고 있다. 그래서 세계는 위험에 처한 사람들을 보호하기 위해 성서에 있는 착한 사마리안 법안이 요구되고 있다. 이에 프랑스는 형법 제63조 제2항에서 위험에 처한 자를 제3자의 위협이 없음에도 도와주지 않을 경우, 3개월에서 5년까지의 징역과 360프랑에서 15만 프랑까지의 벌금을 내도록 하고 있다. 오늘날 우리나라에서도 착한 사마리안 법안이 입법화되어야 한다는 목소리가 높아지고 있다.

우리 사회의 경찰관, 의사, 간호사, 소방관은 반드시 위험에 처한 사람들을 도와주어야 할 의무가 있다. 가끔 언론에서 여가시간을 보내던 중인 경찰관이나 소방관들이 식당이나 길거리에서 위험에 처한 사람들에게 도덕적 의무를 이행하는 선행이 보도되기도 한다. 우리는 이를 직업정신으로 볼 수도 있지만, 따뜻한 인간애를 느낀다. 이 의무는 이행하지 않더라도 처벌은 받지 않는다. 다만 이행하지 않으면 양심의 가책이 온다며, 톨스토이는 『사람은 무엇으로 사는가』에서 인간의 휴머니티를 표현하였다. 발가벗은 남성이 추위에 떨며 위험한 상황에 놓여 있었기 때문이다. 우리가 공리를 빼앗기는 것을 두려워하듯 세몬은 양심의 가책을 느끼고 나서야 그를 돕는 도덕적 의무를 이행하였다. 이처럼 인간에게 존재하는 양심은 사회를 이롭게 한다. 반면 그렇지 않은 경우도 존재한다. 개인은 여전히 공리를 빼앗기고 싶지 않는 까닭에서다.

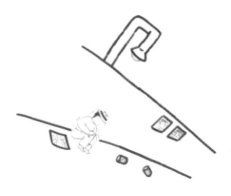

사마리안 법안에 대해 진지하게
생각해야 한다.

여기서 우리는 도덕적 의무를 공리적인 관점에서 들여다보자. 다만 개인의 관념에 따라 그 기준은 다르다. 서울 한 도로에서 여성의 심폐소생술로 70대 남성이 죽음의 위기에서 구제하여 대중들에게 은인으로 불리고 있다. 그 여성은 119가 도착하자 자신의 신분을 밝히고 구급대원들이 신속히 치료할 수 있도록 도와준 후 홀연히 사라졌다고 한다. 이 상황에서 필자가 현장에 있었더라면 그녀처럼 나의 공리, 즉 시간을 개인적으로 관계가 없는 개인을 위해 도와주었을까? 여기서 인간은 우연히 태어나 필연적으로 죽음에 이르지만 인간만이 할 수 있는 아름답고, 위대한 모습은 호모 사피엔스가 유일하다. 그렇기에 이 개인은 우리 가족이자 이웃이다. 따라서 도덕적 행위는 국가와 사회를 구사함으로써 신인문주의 운동에 앞장서는 휴머니스트임이 분명해 보인다.

그러나 모든 사람들이 도덕적 의무를 이행하는 것은 아니다. 급속적인 산업화에 경제 성장을 이루고 있는 중국에서 2011년 시장 골목에서 3살이 갓 되는 어린아이가 자동차에 깔리는 사고가 있었다. 가혹하게도 두 번째 차량이 아이를 짓밟고 지나가는 동안 도움을 받지 못한 것으로 전해졌다. 새벽시장이기는 하나 20여 명의 사람들이 보고도 돕지 않은 CCTV를 확인한 대중들은 처벌이 내려야 한다는 여론에 목소리가 높아졌다. 하지만 도덕적 의무를 처벌하도록 한다면, 또 다른 사회 문제를 야기할 수도 있다는 목소리가 있다. 그러나 중국 정부는 착한 사마리안 법안의 도입을 긍정적으로 검토하고 있다는 입장을 밝혔다.

사마리아 법안과 마찬가지인 국회입법에 논란이 되었던 2019년 민식이법은 아이들을 보호하고자 목소리를 낸 사건 중 하나로 2020년 이 법안이 도입하였다. 그러나 당시 민식이법이 통과되기 전까지 대중들의 비난은 날카로웠다. 스쿨존 내에서는 시속 30km이며, 모든 사고는 운전자가 부담해야 한다는 조항에서다. 그러나 자식 잃은 부모의 입장에서 들여다본다면, 어른의 부주의로 인해 한 생명을 앗아가는 비극적인 사건으로 서행을 우선한 것으로 보인다. 그래서 제2의 민식이와 같은 희생자가 발생하지 않도록 목숨 걸고 지킨 법안이다. 그러므로 삶과 죽음에 경계에 서 있는 사람들의 실존을 지키기 위해서, 세계는 착한 사마리안 법을 도입하고 있다. 다만 선한 의지에 도덕적 행위가 살인, 절도 등 용의자로 몰릴 가능성에 대한 우려도 여전히 존재한다.

착한 사마리안 법안은 정언명령을 가언명령으로 도입하는 법이다. 독일과 프랑스는 자신에 대한 현저한 위험과 기타 중요한 의무의 위반 없이도 가능한 구조를 제공하지 아니한 자는 1년 이하의 자유형 또는 벌금형에 처한다. 또 폴란드는 3년 이하의 징역형, 러시아는 6개월 이하의 징계노동 그리고 우리의 언어와 문화를 지닌 북한조차 2년 이하의 노동 교화형을 도입했다. 이 외에도 포르투갈, 노르웨이, 덴마크 10여 국가들이 사마리안 법으로 인간의 존엄성을 지켜 주고 있다. 그러나 가장이 사마리안 법안에 의해 투옥될 경우 또 다른 사회문제를 낳을 가능성에 있다. 한 가정이 생계에 대한 부담을 가져오기 때문이다. 그렇기에 이 법안은 논란과 딜레마이다.

선한 행위는 개인의
의지에 따라 결정된다.

우리나라는 아직까지도 착한 사마리안 법에 대해 국회 논의 중이다. 따라서 사마리안 법으로 도입한다면, 벌금과 처벌, 보험 등 복잡한 법과 제도들을 현 시점에서 풀어야 할 상황이다. 따라서 정부는 거시적 관점으로 신중히 접근할 필요로 보인다. 다만 착한 사마리안 법을 입법화하지 않는다면, 위험에 처한 사람들의 존엄성이 훼손될 수 있다. 부산 오륙도 내에서 일어난 익사사건은, 학생이 바다에 뛰어 들어갔으나 파도에 휩쓸려 사망에 이른 사건이다. 동행한 친구 9명은 사진만 찍었을 뿐이라고 언론에서 밝혔다. 그들의 주장에 의구심이 든다. 여기서 우리는 도덕적 의무로서만 바라보아야 할까?

우리의 생명은 두 번 주어지지 않는다. 그러므로 인간의 생명권보다 우선하는 것은 존재하지 않는다. 그럼에도 자본주의 사회에서 인간의 실존은 보이지 않는 손에 의해서 짓밟히고 있다. 따라서 착한 사마리아인 법은 누군가에게는 동아줄이다.

2

아동폭력
이대로 괜찮은가?

2

아동폭력 이대로 괜찮은가?

 들판의 여린 새싹은 농부의 발걸음에 성장한다. 그리고 어린아이의 성장은 부모의 사랑이 절대적이다. 오늘날 정인이 사건은 양부모에 의한 폭력으로 아이의 인권을 무참히 짓밟은 사건이다.

 아동학대란 보호자를 포함한 타자에 의하여 아동의 건강과 복지를 해치거나 정상적 발달을 침해하는 신체적, 정서적, 성적폭력, 가혹행위 및 아동의 보호자에 의한 유기와 방임을 말한다. 1980년경 UN 아동폭력 금지 협약에 150여 국가가 동참했다. 그러나 아동폭력은 훈육이라는 이유로 공공연하게 발생

들판에 여린 새싹은 농부의 발걸음에 성장하고,
아이의 성장은 부모의 사랑이 절대적이다.

하고 있다.

당시 어린이집에 잘 나오지 않던 정인이가 등원하여 극심한 신체고통을 호소하자 교사들은 3차례에 걸쳐 아동폭력 의심 신고했다고 한다. 그러나 경찰 측은 양부모가 주장한 단순 구내염이란 진단을 받고 무혐의로 처리했지만, 처벌을 피하려는 의도의 양부모의 실태가 이번 사건에서 밝혀졌다. 결국 생후 16개월 2020년 10월 13일에 밥을 먹지 않았다는 이유로 심장 박동정지 상태에 이르기까지 양부모는 고문과 같은 폭력을 한 것으로 의사는 진단했다.

국립과학수사원에서 조사한 결과에 따르면 장을 매달아 유지하는 복막의 일부분의 출혈과 소장 및 대장의 파열, 췌장 절단과 같은 손상으로 인해 사망에 이르렀다고 했다. 이는 압사나 교통사고와 같은 급격하고 강력한 외부충격으로 인해 발생한다며, 적어도 췌장이 절단되려면 배가 척추에 닿을 정도로 납작하게 눌러야 한다는 끔찍한 조사 결과는 대중들의 분노를 불러 일으켰다. 그러나 아동폭력 사건은 빙산의 일각에 불과하다.

2019년 유니세프가 발표한 자료에 따르면 1년에 4만 명의 아동들이 보호자나 가족에 의해 목숨을 잃은 것으로 밝혀졌다. 그러나 우리나라는 아동폭력을 개인의 문제로 취급해 왔다. 아동들에게는 잊을 수 없는 고통의 시간에 놓인 1998년 영훈이 남매 사건은 양부모의 의도적으로 성장기에 필요한 영양소를 제공하지 않은 기본권을 훼손했다. 게다가 전신에 있는 화상에 의한 자국과 잦은 고문으로 보이는 보라색의 신체적 멍들은 정서적 요인까지 위험에 놓이게 했다. 때문에 여러 위탁기관을 옮겨 다녀야만 했던 고통은 그의 영혼을 갉아먹은 것으로 보인다. 그러므로 어린 영혼은 스스로 생존하기가 불가능하기에 태어난 순간부터 부모를 의존하는 존재이다.

그렇기에 UN은 아동의 실존을 보호하고 아동인권을 개선하기 위해 아동보호협약을 선포했다. 실제로 UN이 발표한 자료에 따르면 아이들의 치료비에 연 2,280억의 달러가 쓰인다고 한다. 그리고 아프리카에서만 1,350억 달러가 아이들의 치료비에 달한다고 한다. 게다가 종교적 이유로 여성을 성적학대는 것을 금지하자는 목소리가 있지만 잘못된 관습은 어린 소녀의 삶을 위협하는 등 아이를 매매하는 행위도 아동학대이며 폭력으로 지정되어 있다.

그러나 오랜 관습으로 아프가니스탄에서는 5살 여아가 아버지에 의해서 50대 남성에게 판매되는 조혼의 행위는 오늘날에도 여전히 휴머니즘을 훼손한다. 학습권과, 자기결정권 물론 저항조차 할 수 없는 어린 실존이기에, 아동의 인권을 보호하기 위해서는 국가의 개입이 절대적으로 필요해 보인다. 그럼에도 아동폭력이 사라지지 않는 이유는 가정이라는 울타리가 외부에서 보이지 않는 도가니와 같아서 타자의 시선에서 문제로 보기까지 어려운 것도 한계다.

그러므로 아이들을 폭력으로부터 해방시키기 위해서는 작

은 폭력이라 할지라도 학대로 보였을 때 부모와 아이의 격리가 1차적이다. 때문에 전문가의 위탁가정에 아이가 보호될 수 있는 제도의 필요가 절실하다. 현재 가정의 모형인 그룹 홈도 폭력을 막는 길이다. 다만 아이가 일상생활에서 사회화가 우선이다.

우리나라는 민간 기업에서 아동폭력 사건을 담당하여 처리한다. 반면, 스웨덴의 아동복지법은 1763년 구민법을 제정하여 정부가 아이들을 수용 및 보호하고 있다. 여기서 우리는 폭력에 노출된 상황에서 경찰의 개입이 존재하긴 하나, 아동 옴부즈맨(대리자, 후견인) 사무소를 설립하여 아이들의 인권을 보호하는 스웨덴과 큰 차이를 보이고 있다.

더욱이 1902년 아동복지법 제정과 1934년 청소년 보호법 제정으로 복지의 기초를 마련한 스웨덴과 달리, 우리의 정부는 부모의 반성이 보이면 아이는 원 가정으로 돌아간다. 여기에는 1960년 도입된 민법 제915조 징계권에서 '친권자는 자녀를

아동폭력, 이제는 개인의 문제로 볼 것이 아니라
모두의 문제로 인식해야 합니다.

보호 또는 교양을 위해서는 징계가 필요하다'고 보고 있다. 미국에서는 아동폭력 특별법이 도입된 이후 아동폭력이 일부분 사라진 것으로 밝혀졌다.

아이들의 방임도 생존권을 위협하는 학대이다. 아이는 자신이 원하는 것을 정확히 표현할 수 없다. 아이는 먹고, 자고, 배설하는 것조차 부모의 도움으로 생존한다. 때문에 관찰만이 아이의 양육을 돕는다. 가정에서 안전사고를 막기 위해 뾰족한 가구나 뜨거운 물건들을 접근하지 못하는 곳에 배치한다. 또 위험한 곳에 펜스를 설치함으로써 사전에 위협으로부터 아이를 보호한다. 이렇게 아이들은 스스로 자신을 보호할 수 없고, 폭력으로부터 저항능력도 없다. 오로지 어른의 도움이 있어야 생존할 수 있다. 그러나 근본적인 해결방법은 아동 폭력이 의심될 경우 신고가 절실하다. 신고는 아이들 폭력을 막는 지름길이다. 루소는『에밀』에서 아이를 사랑하고, 본능을 충족시켜 주라고 주장했다. 그것이 부모의 의무라고 한다.

그러므로 국가는 아동의 실존을 보호하기 위해 적극적인 태도가 요구된다. 물론 우리 안의 인식이 먼저다. 다행히 징계권이 폐지됨에 따라 아이들의 인권이 지켜지길 희망해 본다. 학대는 곧 개인과 국가의 손실이며, 사회의 악이다.

3

스마트폰 중독

3

스마트폰 중독

과학주의가 가져온 자본주의 사회에서는 스마트폰은 인간에게 필연적인 소품이 되었다. 출근을 할 때, 집에서 휴식을 취할 때, 심지어 학생들이 등교할 때까지 스마트폰은 우리 일상생활을 지배하기 이르렀다. 이러한 과도한 SNS 사용은 자칫 중독에 놓인다. 특히 성장기인 청소년들은 늦은 심야 시간까지 SNS나 게임으로 수면에 어려움을 겪고 있는 것으로 밝혀졌다.

이러한 과학은 인류의 변화를 가져왔다. 우리가 24시간 동안 소지하고 있는 스마트폰은 여행 도중 식사를 할 수 있는 음

식점의 위치를 알려 주거나, 숙소 및 다양한 정보를 제공한다. 그리고 관광객들에게는 서비스를, 자본가에게는 홍보의 효과를 불러와 시장경제의 순환을 돕는다. 게다가 공간에 제약 없이 일기예보도 예측할 수 있다. 또 스마트폰은 시각자료로 지식을, 다양한 콘텐츠로 대중의 관심을 이끈다. 이렇게 휴대용 전화기, 카메라와 컴퓨터 기능, 모바일 은행 등을 집합시켜 놓은 스마트폰은 현대인에게 사랑을 받는다.

그러나 부작용도 따른다. 몇 해 전 10대 소년이 IS에 가담하는 일은 자발적 행위이긴 하나 의도된 미끼가 아닐까 의심된다. 이는 과학이 가져온 폐해로, 몇 해 전부터는 미성년의 아이들이 스마트폰 중독으로 논란이 되고 있지만 우리는 암묵적인 침묵으로 일관하여 심히 우려된다. 이렇게 스마트폰은 중독의 어떤 부정적인 결과를 암시한다.

밀레니엄 시대에 이르러 정부는 스마트폰 보급을 대중화 시켰다. 스마트폰은 어린아이와 노년층까지 확대되면서, 사용법

만 익히면 누구나 이용할 수 있는 장점이 있다. 그래서 미성년 자들에게 있어서 스마트폰은 시간을 보낼 수 있는 유일한 놀이이다. 심지어 스마트폰의 세계에서는 자유롭고, 누구의 간섭도 받지 않는다. 게다가 유튜브의 화려한 그래픽과 다양한 컨텐츠는 아이들 스스로 손을 놓는 일은 멀게 만든다. 때문에 부모의 제한이 필요하다. 하지만 일부 부모는 어린아이에게 스마트폰을 제공하며 육아에서 해방되는 상황까지 일어나고 있다. 문제는 전두엽의 파괴로 사고와 판단, 추상적 사고, 행동과 감정의 조절을 관할하는 기능을 저하시킬 가능성이 크다.

때문에 정부는 중독에 놓인 청소년들이 애완동물을 기르기를 장려한 전례가 있다. 1962년 미국의 소아정신과 전문의 레빈슨은 치료를 위해 대기실에서 기다리던 아동이 자신의 애견과 어울리면서 점차 회복되는 것을 발견하고는 동물치료법을 고안했다. 더욱이 자폐아, 우울증환자, 품행장애아 등이 개와 교감하면서 점차 사회성을 회복한 것으로 밝혀져 우리 정부는 국립서울정신병원에서 의사의 처방에 따라 애완견을 정신

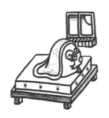

과도한 스마트폰 사용은
중독이다.

치료를 하는 동물매개치료를 실시하고 있다. 동물에게 먹이를 주거나 산책은 자신의 존재 의미성을 찾아가는 데에 치료목적이 있다.

2018년 보건복지부의 따르면 아동 종합 실태조사에서 청소년의 5.8%가 고위험군, 27.9%는 잠재적 위험군으로 나타났다. 이러한 중독은 청소년의 뇌에 불안, 불면과 더불어 시각, 청각의 반응에 의한 속도가 2배 늦어진다고 밝혀졌다. 더욱이 충동 인자는 사회 손실로 이어질 가능성이 커 2021년 2월 17개의 시, 도에서 스마트폰 과 의존 예방·해소를 위해 운영되고 있는 '스마트 쉼 센터'를 통한 예방교육과 전문상담, 민·관 협력 사업을 강화해 나갈 예정이라고 밝혔다. 특히 과하게 스마트폰에 의존하는 비율이 큰 폭으로 증가하고 있는 아동에게 스마트폰을 바르게 사용하는 습관을 조기에 형성하도록 체험하는 형식의 예방교육을 확대할 예정이라고 보도하였다.

이에 과학기술정보통신부 박윤규 정보통신정책관은 "스마

트폰 등 각종 디지털 기기에 노출되는 빈도가 점점 커지고 있는 디지털 시대에는 우리 스스로 디지털 기기에 과하게 의존하지 않는지 성찰해 보는 것이 필요하다"며 "정부는 개개인이 일상생활에 지장을 받지 않으면서 유익하게 스마트폰을 활용할 수 있도록 지원하는 데 방점을 두고 생애주기별 맞춤형 예방교육, 과 의존 예방 콘텐츠 개발, 민·관 협력 인식 제고 활동 등 다각도로 정책을 추진 한다"고 밝혔다.

또 한국청소년 상담 복지 개발원에서는 청소년 인터넷·스마트폰 과의존에 대한 개인 및 집단 상담과 더불어 치유캠프, 상설 치유프로그램, 치료비 지원 등을 운영하고 있다. 다만 이러한 시스템은 홍보의 부족으로 인하여 현재는 활발히 운영되지 않아 아쉬운 것으로 전해지고 있다.

그러므로 과학기술은 우리의 삶에 깊숙이 들어와 누군가에게는 주머니가 채워지고, 누구는 사회적 비용을 지불하는 위험한 상황이다. 때문에 스마트폰에 의한 다양한 프로그램 중독은 자칫 사회화를 망가트리는 질병이다. 그리고 행복을 앗아가기도 한다. 그렇기에 우리는 스마트폰 중독에 대한 대안이 필요할 때다.

4

무기 시장을
어떻게 보아야 하나

4

무기 시장을 어떻게 보아야 하나

코로나바이러스는 시장의 경제 구조를 무너뜨리고 있다. 그러나 이러한 상황 속에서도 호황을 누리는 상업이 있기 마련이다. 무기시장이다. 무기시장은 동서양을 막론하고 과학기술에 원천으로 우리의 삶 깊숙이 자본화 되어 가고 있다. 그렇다면 무기시장 이대로 괜찮은가?

오래전 인류는 야생동물의 위협으로부터 몸을 보호하기 위해 군집생활로 공동체를 지속해 왔다. 이러한 군집생활에도 위험은 존재했다. 그들은 주변에서 쉽게 구할 수 있는 나무나 돌을 날카롭게 만들어 야생동물로부터 보호했다. 동물로부터의 위협이 해결되자 인간은 굶주림에 시달렸다. 나아가 이제는 동물부터의 위협이 아닌 인간이 다른 인간을 약탈하는 자원 전쟁 상황까지 이르게 되었다. 이 도구는 물고기와 야생동물을 사냥할 때에도 이용되었다.

1759년 스페인의 탐험가들이 발견한 암각화에서는 도자기나 화살촉이 존재한 것을 증명하고 있다. 그리고 2020년 11월 30일 아마존 열대우림 외진 곳에서 1만 2,500년 된 암각화를 발견하였다. 이 벽화에서 인간이 거대한 동물들을 올려 마치 숭배하는 그림이 발견되었다. 이러한 현실은 사냥에 성공한 당시의 모습으로 밝혀졌다.

그러나 무기는 약탈을 하거나 식량을 지키기 위해 사용되기도 했다. 그리스의 페르시아 전쟁은 최초의 문명충돌 전쟁으로, 페르시아 3차전 당시 그리스 해군은 이오니아지역의 미킬레 전투에서 요새를 쌓고 버티는 페르시아 해군을 격파해 그리스 본토에서 밀어냈다. 이러한 전쟁은 무기를 들지 않은 국

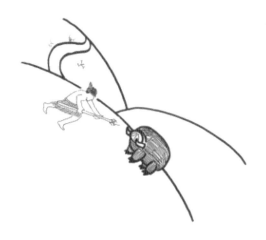

처음 무기는 인간이 자연으로부터
살아남기 위한 도구였다.

민들도 위협한다. 이렇게 무기는 가면을 쓰고 있으며, 성벽을 부수기 위한 거대 투석기, 불을 통한 불화살까지 전쟁 도구로 쓰였다. 심지어 인간은 승리를 위해 패전국의 노예에게 약물 실험을 하여 화학무기를 생산하기까지 이르렀다.

세계 1차 대전은 강대국들의 무역 충돌로 시작되었다. 여기서 오늘날 무기를 생산하는 대기업이 있다고 가정하자. 생산한 무기를 팔기 위해서 대안을 찾는다. 그 대안은 전쟁이다. 그러나 기업은 전쟁을 할 수 없다. 따라서 기업은 밀실에서 정치인과 접촉하여 어떠한 방식으로든 무기를 팔고 수익금을 얻는다. 그러니 전쟁은 강대국의 전략에 의해서 희생될 수밖에 없다.

이에 대한 근거는 세계 1차 대전이 일어나기 전부터 서양의 과학기술은 대량의 무기를 생산하고 이를 소비하기 위해서 저개발국가가 표적으로 일삼아 왔다. 현재 시리아, 예멘, 남수단이 내전 중이다. 때문에 아이들조차 SNS로 전쟁을 멈추길 호소하지만 안타깝게도 전쟁은 멈추지 않고 있다. 한 개인의 피와 한 개인의 행복, 감정들은 이들에게는 무관한 듯 보인다. 그리고 무기는 시장을 향해 간다.

2018년 2월 미국 플로리다 주에서 발생한 총기 난사 사건은 17명의 학생의 목숨을 앗아갔다. 사건이 일어난 후 미국의 학생들은 총기 규제를 향한 캠페인을 주장하며 도로에 누워 있거나, 인간 사슬 행진으로 목소리를 냈다. 그럼에도 정부는 이에 대해 침묵으로 일관하며 여전히 비판받고 있다.

그러나 1942년 UN국제 연맹을 창설하여 세계 정상인들이 무기를 생산과 실험을 하지 않기로, 또 전쟁을 하지 않기로 서명하였다. 이렇게 국제 평화와 안전을 우선시하며, 인간의 평등과 상우우호 증진에 힘쓰기 위해 설립하였다. 그러나 여전히 미국과 러시아의 무기생산을 눈감아 주고 있다.

물론 신자유주의 시장 논리로 보았을 때, 무기생산과 화학무기 실험은 UN이 화학무기 개발과 생산, 비축, 사용을 금지한 국제조약으로 현재 165개국이 가입하였으나, 몇몇 국가에서는 여전히 이 조약을 어기고 있다. 그렇기에 화학무기 실험은 시리아 내전 중에 은밀히 실험한 것으로 밝혀져 세계가 경악을 금치 못했다. 더욱이 어린아이의 목숨까지 빼앗아가는 실험은 생산의 목적으로 쓰인 것에 깊은 분노를 느낀다. 그리고 무기 상인들은 어떠한 경우에도 무기를 판매한다.

그렇기에 이들에게 인간의 실존은 하나의 사물에 불과하다. 2014년 러시아의 푸틴이 흑해를 산업화한다는 명목으로 불법

점령한 것이 이에 준한다. 그리고 무기인 해양생물 돌고래를 이용한 것은 군사훈련과 다름없는 위협이다.

미국의 사회문제를 다시 들여다보자. 2016년 6월 오바마 전 대통령은 17세부터 총기 소지가 가능한 미국 사회를 비판하며 모든 무기를 회수해야 한다고 주장하였다. 매년 3만 3천 명의 시민이 총기에 의해 사망한 까닭에서다. 때문에 오바마 대통령이 재임 당시 21세 총기규제에 대한 공약을 내세웠지만 상원 위원에서 표가 나오지 않아 부결되었다고 한다. 문제의 원인은 총기 권리를 언급한 1791년 헌법조문의 모호한 문장 구조였다.

존 폴 스티븐스 대법관은 2014년 워싱턴 포스트에 기고한 칼럼에서 조문이 다섯 단어만 넣었더라면 후세에 총기 참사가 벌어질 일은 없었다고 한탄했다. 그가 지적한 미국의 수정헌법 제2조에서 '잘 훈련된 민병대는 주의 안보에 필수적이므로, 무기를 소장하고 사용하는 인민의 권리는 침해될 수 없다'라고

기술되어 있다. 이는 언뜻 민병대의 존재를 지지하고 있는 것 같으나, 인민의 권리도 보장해야 하는 모순적인 문장구조였다. 때문에 미국 총기협회가 정치에 밀접한 관련이 있다는 것을 보여 주는 결과다. 그렇기에 우리가 칼로 요리를 하듯 미국 가정에서는 총기 소유가 보편적이다. 그렇기에 이 시간에도 무기에 의해 사람들은 목숨을 잃는다.

여기서 자본은 인간이 삶에 있어서 부가적인 요소일 뿐 살아가는 목적이 되면 인간의 실존은 짓밟힌다. 그러나 오늘날의 무기 상인들은 더 많은 자본을 얻기 위해 전쟁을 일으키고, 결국 파멸에 이르러도 멈추지 않는다. 따라서 세계는 무기의 상업화 제한이 절실하다.

UN협약에 따라 무기생산국은 생산을 중단하고, 이미 생산한 무기의 수입금을 가난한 나라에 환원할 필요가 있다. 무기는 사회의 질서를 어지럽히는 바이러스이기 때문이다. 그러므로 바이러스를 좋아할 사람은 그 누구도 없다.

5

우리는 어떻게
살아가야 할까

5

우리는 어떻게 살아가야 할까

인간은 행복을 추구하는 존재임이 분명하기에 행복을 얻기 위해서 자신의 공리를 지키려 한다. 여기서 말하는 공리는 자연으로부터 주어지는 햇빛 그리고 나의 가족, 나의 재산, 나의 권리, 나의 지식 등 기본적인 권리이다. 이러한 까닭에 자본주의 속 공리는 나의 행복을 우선한다. 이렇게 우리는 탄생부터 죽음의 문 앞에서까지 행복을 추구한다.

니체는 자신의 시대를 '신이 죽은 시대'라며 낙담하였다. 여기서 신은 인간의 나약함에서 나오는 허상적인 존재로 보았다. 왜냐하면 인간은 불완전한 존재이기 때문이다. 따라서 우

리는 신을 의지 삼아 불완전한 존재로 벗어나기 위한 수단에 있다. 그러나 인간은 어떤 경우도 완전한 존재가 되지 못한다. 불완전하기 때문에 인간이다. 그렇기에 우리는 허무주의에 놓인다.

　허무주의는 기존의 신, 구원, 진리를 대표하는 절대적 가치와 권위가 존재하지 않는다고 보는 사상이다. 그 진리에는 모순이 존재하며 망령은 실존하지 않지만, 세계는 죽은 자들이 평안하기를 기원한다. 이는 우리의 실존을 지켜내기 위해서인 것으로 해석된다. 이처럼 모든 사람이 평등하다는 진리마저도 평등은 존재하지 않는다. 따라서 철학자들은 허무주의에 빠지지 않도록 가벼운 삶을 살아야 한다고 말한다.

　행복하지 않다고 생각하는 사람들은 자신을 비관적으로 판단하여 허무주의에 놓인다. 이를 심리학자들은 우울증 혹은 자기혐오 등으로 분류한다. 그렇기에 존재의 중요성을 망각한 사람들은 결국 삶의 목적과 가치를 잃게 되어 스스로 무거운 삶에 이른다. 실제로 30분당 1명씩 사망하는 한국자살예방협회에서 밝힌 통계 자료가 사실이 아님을 바라지만, 그 사실에 무거운 사회의 현실을 되돌아본다.

우리는 힘의 의지는 영원히 흐르고, 힘겨루기 상태는 영원히 반복된다. 이러한 세계 구조 속에서 우리는 어떻게 살아가야 할 것인가에 대한 실존적인 질문을 반복하고 있다. 여기서 우리는 부여된 인생을 노예적 삶으로 살길 원하는 사람은 없다. 왜냐하면 노예적 삶은 실존이 주인으로 살 수 없다고 보기 때문이다. 이를 프랑스 철학자 질 들뢰즈는 기존 가치와 삶의 방식에 맹종하는 붙박이 삶이 아닌 불모지를 이동하며 개척하는 유목주의의 삶에서 두려움이 아닌 주체적 삶을 주장하였다. 이렇게 인간의 창조성을 막고 있는 규칙으로부터 벗어나, 새로운 도전을 함으로써 여러 가지 시선으로 보는 능력을 향상시키기 위한 것으로 보인다. 니체는 이를 3가지 삶으로 보았다.

낙타는 자신의 것이 아닌 타자가 부여된 짐을 받아들인다.

따라서 대부분의 사람들은 낙타의 삶에 순종한다. 이처럼 현대인에게는 순응의 단계가 절대적이다. 학생으로서 공부할 의무, 가장으로서 가정을 이끌어 갈 의무, 직장인으로서 노동의 가치를 실행할 의무이다. 이렇게 순응하는 삶은 안정적이다. 그리고 현실을 직시하는 힘을 기른다. 그러나 순응하는 삶만으로는 낙타의 단계에서 머무는 것은 앞으로 나아갈 수 없다.

사자는 자신을 중심으로 사회를 바라본다. 즉, 기존의 가치를 부정하고 자유정신을 상징하는 삶이다. 이러한 자유정신은 억압하는 타자로부터 저항하는 정신을 의미한다. 지렁이가 밟히면 꿈틀거리듯, 누군가로부터 밟혔을 때 우리는 저항한다. 이처럼 지금의 기본적인 권리를 얻기 위해 사람들은 자유를 기원하며 사상과 맞서 뛰어넘어 자신의 행복을 찾아간다. 그러나 우리는 낙타의 단계에 머물러서는 앞으로 나아갈 수 없다. 다만 낙타의 단계가 존재함으로 사자의 단계로 이른다. 왜냐하면 낙타의 순응하는 삶이 가치관의 중심을 형성하고, 사자의 단계에서 행동으로 나타난다고 보기 때문이다.

어린아이이다. 하얀 도화지에 빨간색으로 칠하면 빨간색이 나오고, 노란색으로 칠하면 노란색으로 나온다. 그러나 공동체 세계에서는 사람과의 관계, 조직 생활에 의해 낙타의 단계에 머무르는 현상을 불러온다. 그러나 어린아이들은 얽매임도 없고, 편견도 없다. 또 타자가 만든 규칙에 자신을 속박하지 않으며, 오로지 자신이 하는 놀이에 빠질 뿐이다. 이렇듯 어린아이의 삶은 자유로운 가벼운 삶이다.

그러므로 우리는 태어나서 필연적인 죽음을 향해 간다. 따라서 니체는 한 번 주어진 실존을 깃털처럼 가볍게 살라 말한다. 가볍게 살라는 뜻은 그저 즐거움만을 쫓는 광적인 삶이 아니라, 속세의 사슬에 얽매이지 않는 자유로운 삶이다. 물론 중력과 같은 무거운 삶은 우리를 억누를 때도 있다. 그러나 이 고난과 역경을 초월함으로써 우리가 원하는 행복을 이른다.

니체는 3가지 단계를 예시로
들면서 우리가 나아가야 한다고 보았다.

6

개인이 인류를
구원할 수 있는가

6

개인이 인류를 구원할 수 있는가

오늘날 우리의 일상은 과거와 다르다. 사회적 거리두기가 일상이 되었으며, 가족이나 친척들조차 쉽게 만나지 못하는 세상이 되었다. 심지어 건강했던 사람조차 죽음에 이르게 하고, 개인의 행동도 제한한다. 자영업자들은 생계의 위협을 받고 있으며, 바이러스와 사투하고 있는 의료진과 봉사자들은 수면이 부족한 모습에서 인간애가 느껴진다. 이들이 가족 품으로 돌아갈 수 있는 날이 오기를 희망한다.

인간은 미숙한 존재로 태어나 학습으로 완전함에 이른다. 그리고 도덕과 윤리를 배움으로 공동체를 형성하여 인류를 이끈다. 건축가가 기초를 설계하듯 법과 도덕은 개인과 사회를 이끈다. 그러나 사회는 개인의 존재를 부정하고 억제하기도 한다. 고대에 죄수들의 자연권인 햇빛을 볼 공리를 빼앗듯 타자의 자유를 짓밟은 까닭에서다. 때문에 선과 악, 거짓과 진실, 미와 추, 고통과 쾌락 같은 대립은 소수의 행복을 짓밟는다. 자신과 다른 의견이나 사상을 가진 경우 더 그러하다.

실제로 파쇼 정권은 그들의 정권을 유지하기 위해 민주주의를 훼손하기도 한다. 이를 스티븐 스필버그는 쉰들러 리스트에서 인간의 대립된 삶을 고발한다. 휴머니즘적 사고를 지닌 오스카 쉰들러는 잔혹하게 희생되는 포로들의 실존을 지키고자, 권력과 욕망에 눈이 먼 파시스트들에 대항하는 인간애로 저항의 위대함으로 휴머니즘의 따뜻함을 주었다.

이러한 저항은 원초적 본능 중 하나로 벤담은 죄수들의 빼앗긴 빛을 돌려주고자 했다. 당시의 죄수들이 한치 앞도 보이지 않는 지하에서 통제받았기 때문이다. 그러나 어두운 골목을

개인이 저항하는 모습에서
우리는 저항의 위대함이 느껴진다.

비추는 자연의 공리를 침해받는 것조차 인식하지 못하는 경우도 존재했다. 태어난 순간 주인에게 복종하도록 훈련된 노예들은, 미국의 대통령 링컨이 해방을 선포하기 전까지 이들의 실존을 짓밟은 까닭에서 엿본다. 부르주아들은 오래전 국가와 손을 잡고 노동력을 합법적으로 착취하여 그들의 인권을 침해했기 때문이다. 때문에 노예들은 프롤레타리아들이 되었다. 이렇게 개인의 공리를 되찾기 위해 오늘날도 강한 저항을 한다. 그러므로 개인의 사상이 다수를 구원하는 결과에 이른다.

따라서 우리는 이성적 사고를 지닌 인간이다. 그러니 인간은 자신의 권리를 빼앗거나 침해해서도 안 된다. 그러나 현대 사회에서 자본 시스템은 노동자들을 하나의 부품으로 여긴다. 오로지 이윤만을 추구하기 때문에 언제든지 노동에서 소외된다. 그래서 기업은 과거의 부르주아들이 국가와 결탁하여 프롤레타리아들을 착취하듯 계약직이라는 제도로 정규직보다 더 값싼 비정규직을 채용하고 2년 후 다른 인턴을 다시 뽑는 악순환이 반복되고 있다. 이러한 자본주의의 모순은 화력발전

소에서 발생한 고 김용균의 사망을 낳는 일은 여전히 반복되고 있다. 더욱이 슬픈 것은 여전히 낡은 기계들이 또 다른 노동자들의 삶을 노리는 데에 있다. 그렇기에 자본가가 성찰하지 않는다면 희생자들이 따를 수밖에 없다. 여기서 자본가는 노동력이, 노동자는 자본이 필요 하는 데에 있다. 이렇듯 둘은 상생관계이다.

1970년 12시간이 넘는 노동시간과 근로기준법에 어긋나는 근로환경, 부당한 임금착취에 대해 문제제기하였던 전태일 열사의 외침은 현재도 진행 중이다. 그러므로 오늘날에 광화문 현장에서 저항하는 노동자들의 처절한 목소리에 자본가의 자발적인 도덕적 행위가 이행되기를 바란다. 그리하여 상생관계인 이들은 서로의 공리를 지켜진다.

그러므로 우리의 실존은 휴머니즘적 사상을 가진 이들에 의해서 변화된다. 이렇게 휴머니스트들은 서로가 조화롭게 살아갈 수 있도록 음지에서 싸우고 있다.

암묵적으로 사회는 통제되고 있다. 그렇다면 오늘날 편리해진 과학기술 이대로 좋은가

7

암묵적으로 사회는 통제되고 있다. 그렇다면 오늘날 편리해진 과학기술 이대로 좋은가

현재 중국의 톈왕 프로그램은 수천만 개의 CCTV로 사람들을 관리하고 있다. 이에 그치지 않고 경찰은 스마트안경을 이용하여 최대 만 명의 사람들을 감시하는 것으로 밝혀졌다. 게다가 개인의 행동과 언행에 따라 신용등급을 올리거나, 낮추어 국가의 기준이 일반화되어 대중들은 불안에 놓이는 상황이다. 이러한 국가의 통제는 과연 이상적인 사회의 모습인가?

영국의 소설가 조지 오웰은 인간의 존엄성과 자유를 박탈하는 전체주의를 비판하였다. 『1984』 세계 속 인류는 빅브라더 사회로 텔레스크린, 사상경찰, 마이크로폰, 헬리콥터에 의해서 감시당한다. 이는 오늘날 CCTV, 블랙박스가 대중들의 행동 하나하나를 기록하는 것과 다름없으며, 윈스턴과 줄리아의 슬픔은, 인간의 감정을 통제하는 참담한 현실을 비극적으로 묘사하고 있다. 이러한 일들은 소설 속 설정에 불과할까?

여기서 감시의 역사를 알아보자. 춘추전국시대 진나라의 재상 상앙은 변법을 이용하여 인민의 통제를 강화하였다. 저항을 방지하기 위해 2인 이상의 성인 남성으로 구성된 집안의 경우, 분가를 의무화하였다. 게다가 감시 수단으로 5인 가족을 표준으로 하는 단혼가족을 창출하여 십오제를 수립하여, 어길 경우 연좌제를 피할 수 없었다. 이는 한 개인의 힘이 국가의 권력보다 아래에 존재해야 질서가 지켜질 것으로 보았기 때문이다. 그리고 국가 생업의 기본인 농업과 양잠업은 적극적으로 권유하는 반면 사업, 농업, 공업, 상업 가운데 맨 끝의 업이라 하여 철저히 감독하고 통제한 사실에 있었다. 아마도 개인의 부와 권력이 높아지는 것을 차단하기 위한 것이 아닐까?

이러한 통제는 우리 사회에 밀접한 관계성을 띠고 있다. 현관문을 열고 나간 순간 범죄를 예방하기 위해 설치된 CCTV와 블랙박스는 사소한 행동까지 감시한다. 심지어 대중교통 이용 시 자신의 위치가 기록되며, 스마트폰을 사용할 경우 위치 추적 시스템과 검색 기록 등이 노출된다. 물론 시스템들은 사회의 안전과 범죄의 예방을 목적으로 감시가 개인의 사생활을 침해하는 것만은 아니다.

미국에서 발표한 인류역사의 범죄율 추이에 따르면 1990년부터 2016년까지 조사한 그래프에 의하면 1993년 이후로 범죄율이 점차적으로 줄어든 것으로 밝혀졌다. 또 2014년에는 400건 이하로 범죄율이 줄어 대중들의 안전한 생활을 보장되어 있어, 통제는 시공간을 극복하며 인간의 삶을 안전하도록 이끈다.

반면에 CCTV와 블랙박스가 사생활을 침해하는 논란은 여전하다. 한 개인이 호텔에 진입하고 방에 들어가기까지 통제

실과 연결된 CCTV를 통해 감시되고 있어서다. 간혹 통제하고 있음을 알리는 문구는 일반적이다. 또 사고의 불이익을 받지 않도록 차량에 부착된 블랙박스는 24시간 동안 주변 상황을 녹화한다. 때문에 차량 근처에서 사고가 일어날 경우 근처에 있는 블랙박스들을 차량 주인의 동의하에 수거한다. 이때 대중들은 사생활을 침해받는다.

미래학자들의 견해에 따르면 미래는 정보를 가진 자가 권력을 지배한다고 보았다. 이러한 까닭에 감시와 통제에 관한 문학들이 모래 산을 파듯 끝도 없이 출판에 이르렀다. 다만 코로나 바이러스로 인해 감시가 필연적인 현재 사회를 비판한 한헌수, 임종건의 『COVID-19 사태로 본 완벽한 통제의 시대』에 대해 알아보자.

주민등록번호와 지문은 국가의 통제시스템에 의한 코로나 바이러스로 인한 펜데믹 현상은 현재의 기술이 개인을 감시하고 있는지를 보여 주는 결과다. 실제로 코로나 바이러스 의심

증상이 나타나는 사람이 나타날 경우 10분도 채 되지 않아 동
선 및 주변에 접촉한 사람들에게까지 메시지가 발송된다. 영
업장소에 출입할 경우 QR코드에 의해서 인적사항이 확인되기
때문이다. 그렇기에 코로나 의심환자들을 추려낼 수 있지만,
개인정보는 물 흐르듯 쉽게 유출되는 것으로 심히 우려된다.

이에 애덤 브룸버그와 올리버 차나린 설치 미술가는 현재
의 감시 시스템을 비판한『정신은 뼈다』라는 작품을 선보여 이
를 본 사람들에게 신선한 충격을 주기도 하였다. 그들은 촘촘
한 감시의 그물 안에서 작동하고 있는 가상의 믿음과 신뢰, 감
시 장치가 생성되는 이면의 이슈들을 표현한 것으로 보인다.
실제로 버닝썬 사건은 감시체계의 모순점을 보는 대표적인 사
례로 사건이 뉴스에 보도된 당시 휴대폰 수리기사에 따르면
휴대폰에 저장된 기록들이 의심되어 확인한 결과 유명 연예인
들의 마약 거래 및 성폭행 동영상들이 발견되어 신고하였다
고 진술하였다. 이는 휴대폰에 내장된 감시 시스템이 대중들
의 음지에서 발생하는 일들까지 낱낱이 밝혀졌지만 소수는 사

생활을 유출한 수리기사의 직업윤리를 위반으로 보았다. 만약 이 사건이 알려지지 않았다면 수면으로 가라앉았다.

과학기술의 집합체인 휴대폰은 남녀노소 나이에 불문하고 필수품이 되었다. 이는 정보를 알려 주기도 하며, 사람과 대화를 하는 매개체이다. 그러므로 우리는 휴대폰으로 하여금 안전을 느낀다. 그러므로 현재 사회에서의 보안은 시민들의 안전이라는 이유로 감시 시스템을 늘려가는 것도 부인할 수 없다. 다만 해킹으로 인해 사생활의 노출은 더욱 우려된다. 따라서 우리는 과학기술의 발전으로 늘어나는 감시 시스템이 우리의 안전을 가져오지만, 자유성을 존중해 주는가에 의문을 제기할 필요가 있다.

감시와 통제는 사회와 밀접한 관계에 있다. 그러나 감시의 원초적인 목적은 인간의 안전이다. 반면에 현재 감시의 방향은 개인정보를 알기 위한 수단으로 사용되고 있어 우려가 된다. 미셸 푸코는 이러한 사회를 감시사회라고 보며, 통제가 요구되는 감옥 시스템에 비유하였다. 그렇다면 통제하기 위한 감시 시스템 정당할까? 그리고 감시에 의한 사생활 침해는 도덕적인가? 그렇기에 통제 속 우리는 자유로운가?

감시 받으며 통제되고 있는 우리 자유로운
삶을 살고 있는가?

8

주거란
인간에게 있어서
어떤 의미를 부여하나

8

주거란 인간에게 있어서
어떤 의미를 부여하나

세계의 부동산 시장은 매년 뜨겁게 들썩인다. 정부는 임대차 법을 도입하는 등 정책을 내놓고 있지만 경기 변동에 의해서 일반 서민들의 어려움은 여전한 것으로 보인다. 이는 보이지 않는 손의 시장권력에 있다.

인간은 추위와 더위, 자연재해 및 야생동물들로부터 살아남기 위해서 동굴이나 나무 위, 그리고 이동하면서 집단생활을 했다. 다행히도 우리는 5대 원소로 기본권이 하나의 생활공간을 창조하였다. 세상은 넓고 자연은 제한되어 있으며 기후에 따라 집의 재료와 특성은 다르다. 브라질과 모로코는 진흙벽

돌집을 건축하였다. 반면 태국과 캄보디아는 물에 뜨는 재료를 이용하여 수상생활을 하고 있다. 심지어 알래스카라 불리는 툰드라의 사람들은 혹한의 산지대에서 얼음 조각을 이용한 이글루에서 살아남았다. 이렇게 인간은 자연 생태에 생존한다.

우리나라의 건축역사에서는 볏짚, 나무껍질이나 갈대를 이용하여 건축했던 집들은 내구성이 떨어지는 이유에 견고한 기와를 창안하여 일상생활에 쓰였다. 바람과 비, 불에도 내성이 강한 기와를 당시의 사람들은 누구나 소원한 까닭에서다. 그러나 계급사회는 이를 허락하지 않았다. 토지를 소유한 일부 부르주아들만이 기와집을 건축하였다. 또 권력자들은 풍수지리와 귀신이 존재한다고 믿었기에 주술적 의미가 담긴 장식품을 이용하였다.

18세기로 추정되는 평생도는 우리의 일생을 담은 작품이다. 여기서 인간은 집이라는 공간에서 태어나, 오늘날과 다

그 당시 기와집은 오늘날의
부르주아들만이 갖는 대저택과 같았다.

르게 죽음을 집에서 맞이했다. 농작물을 타작하거나 화려한 돌잔치와 결혼식 같은 잔치를 열기 위해서는 넓은 마당이 필요한 것으로 보인다. 이 마당은 계급과 권력에 의한 힘으로 생·노·병·사를 함께 했다. 그리고 오늘날에 화려한 주택은 여전히 동경의 대상으로 국가권력과 함께한다.

600년 한양은 양민들이 억울하게 집과 땅을 빼앗긴 일도 있었다. 학술자료에 따르면 「관리의 착취-민중을 벌레처럼 잡아먹는다」에서 양반은 돈이 떨어지면 심부름꾼을 보내 상인이나 농민을 붙잡게 했다. 그리고 그들이 요구하는 액수를 지불할 때까지 곤장을 치거나, 재산을 몰수하였다고 한다. 오늘날 지방의 고위 공직자들이 서울에 다주택을 갖는 일은 그리 놀라운 일이 아니다. 때문에 집을 잃은 양민들은 물이 없는 외딴 열악한 환경 속으로 내몰렸다고 한다. 실제로 6.25 전쟁 후 우후죽순 생겨난 무허가 판자촌은 가난한 사람들의 전부였다. 그러나 개발로 인해 하루아침에 길거리로 내쫓기는 프롤레타리아들은 자본주의 사회에서 딜레마에 빠져 목소리를 낸 사실도 있었다. 이렇게 말벌이 꿀벌의 집을 약탈하듯 힘없는 사람들의 집을 빼앗는 일은 21세기에도 존재한다.

영국 런던에는 6개월 이상 장기 빈집 2만 2천호가 있다는 사실이 보도되었다. 시장 권력의 부르주아들이 집값이 오를 것을 예상하고, 여러 가구를 매입했기 때문이다. 그러나 믿기 힘든 일이 발생하고 있다. 무단 침입한 청년들이 따뜻한 거처로 이용한다는 사실에 빈익빈 부익부의 불평등한 현실을 낳고 있다. 때문에 영국 정부는 빈집정책을 통해서 시민들의 주거 확보를 도우려 했으나 역효과를 불러일으켰다.

더욱이 우리나라와 일본에서 동일하게 나타난 지방의 빈집현상은 우리가 해결해야 할 문제다. 일본은 지방 빈집 정비계획을 수립함으로써, 빈집 과세 재량권을 부여한 까닭에 장기 방치된 빈집이 줄어드는 효과를 보고 있다고 전해지고 있다. 특이한 것은 대도시의 빈집 주거침입이 일어나고 있다고 한다. 스코틀랜드나 웨일즈에선 1년 이상 빈집에 200%까지 부과금을 내게 한다. 이러한 문제는 미국과 캐나다도 골머리를 앓고 있어, 우리 정부도 다양한 정책을 펼치고 있지만, 미미한 것으로 밝혀지고 있다.

인간에게 의식주란 삶의 전부이다. 그리고 사회계약에 의해서 누구나 집을 소유할 수 있는 권리도 있다. 그러나 한 개인이 주거 생활을 보장받지 못하고 살아가는 현실에 있다. 이에 세계는 집을 갖지 못한 프롤레타리아들을 위해 공공임대주택을 건축하여 그들의 기본권을 부여하고 있다. 그럼에도 빈집과 가난한 노동자들의 거리는 좁혀지지 않는다.

그러나 인간이 생활하는 필연적인 요소 중 하나는 집이다. 주거는 삶의 질과 질병으로부터 생명권을 지킨다. 그럼에도 여전히 보이지 않는 시장경제는 집이 없는 가난한 노동자들에게는 위협이다. 그렇기에 국가의 개입이 절실한 상황이다.

9

아름다운 것만
예술인가

9

아름다운 것만 예술인가

1917년 마르셀 뒤샹의 작품 「샘」은 예술 사회에 충격을 주었다. 그들은 공장에서 대량생산한 남성 소변기는 예술적인 가치가 없다고 의문을 제기했기 때문이다. 과연 뒤샹의 작품은 예술로서의 가치가 없는가? 더럽다는 관념에 놓인 사람들에게는 예술적 가치가 보이지 않을 수도 있다. 이러한 주관적인 프레임은 그 너머의 세계를 망각하게 만든다. 때문에 뒤샹의 샘은 2차 산업혁명을 비판한 작품으로 진보한 사회에 예술의 창조성이 접근방식에 패러다임을 불러왔으며, 미학의 세계를 하나의 예술로서 그 가치로서 부여되었다. 그렇다면 아름다움만이 예술이라 할 수 있는가?

예술은 일반적인 의미로는 인간의 산물, 인간이 자연에 첨가한 가치이다. 그리고 예술은 기술을 의미하기도 하며, 예술가의 작업을 의미하기도 한다. 그리고 보편적으로 절대적인 아름다움을 표현하는 활동이라고 규정한다. 랄랑드는 이런 예술을 의식적인 존재가 작업에 의하여 아름다움을 산출하는 것을 의미한다고 보았다. 꽃은 아름다움의 상징이다. 그래서 일상생활에서 쓰이는 생활용품들에 꽃 그림으로 소비욕구를 증가시킨다. 따라서 예술의 아름다움을 구분 짓는 기준은 개인의 배경지식, 경험 등에서 산출된다. 또 아름다움은 시대나 문명, 개인의 취미에 의해서 규정한다.

낭만주의 작가들은 인적이 없는 깊은 숲, 높고 큰 산, 높이를 알 수 없는 절벽 등에서 아름다움을 느낀다. 반면 고전주의 작가인 세비느 부인에게는 깊이를 알 수 없는 내면의 고독이 아름답다고 보았다. 따라서 자연적인 아름다움은 개인의 감정에 부응하며, 우리 속에 즐거움을 솟아나게 하며, 미학의 세계는 개인에 따라 의미와 해석이 다르다.

랄로는 인간 자체가 예술이며 아름다운 존재라고 말했다. 이유는 인간은 커다란 행복감을 가지고 사회를 형성하는 유일한 존재이기 때문이다. 왜냐하면 먹이사슬에 의해 강자만이 살아남는 동물세계와 다르게, 인권이 보호되고, 노동이 필요한 자본가와 자본이 필요한 노동자가 상생하는 모습에서 인간이 가진 고유한 예술의 행위를 지녔기 때문이다.

반면 현대의 예술적 창작은 자본에 의해서 돌아간다. 왜냐하면 자본가들의 이익이 생산에 있다. 따라서 상품은 시장으로 유통되고 광고가 따라온다. 예상대로 이 광고에는 연예인이나 대중매체에 알려진 스타들이 등장한다. 실제 K-POP을 이끌고 있는 방탄소년단의 광고가 공간을 넘나든다. 대중이 그들을 좋아하기 때문이다. 그러므로 우리는 그들이 광고한 상품에 관심을 가진다. 이러한 상품에는 기술적인 디자인, 트렌드에 맞는 예술성을 가져온다. 아웃도어의 상품은 보온 활동면에서 뛰어난 기능마저 예술적 가치를 부여하기에 충분하다. 이렇게 하나의 사물에도 의도와 목적이 있다. 그래서 자본가들은 인간이 지닌 창조성을 예술로서 승화시켜 자본을 축적하고 있다.

오리엔탈리즘은 동양의 전통적인 미를 배척하고 서양의 미를 추구하는 현상이다. 때문에 다양성 없는 현실이 되고 말았다. 인간의 황금비율이라는 기준 아래 아름다움이 규정되었기 때문이다. 그러나 자연 그대로의 모습 혹은 인간의 손이 닿지 않은 본연의 모습, 즉 태어난 순간 순리에 맞게 죽음으로 돌아가는 인간의 숭고한 삶이 진정한 아름다움이 아닐까? 그렇기에 고난, 시련, 증오 모두 인간이기에 가질 수 있는 아름다움이자 하나의 예술이며 미학의 세계이다.

다시 기술적인 예술을 들여다보자. 백남준은 세계적인 아티스트이다. 광범위한 설치 작업과 비디오 영상, 범세계적으로 TV망을 연결한 작업은 영화, 퍼포먼스 등 현대미술에서 시간적인 이미지에 대한 새로운 미학의 세계를 가져왔다. '다다익선'으로 알려진 그의 작품은 수많은 개념과 기계적 발명으로 전자 이미지 영역으로 소개되고 수용하여 중요한 역할을 했다. 거기에는 예술적 시각에 의한 과학이다.

　1986년부터 만들어진 다다익선은 1988년 서울에서 개최한 올림픽 개최 기념을 위해 제작되었다. 이 과정에서 높이 18.5m, 지름 7.5m의 1,003개의 버려진 브라운관 모니터를 6단 원형으로 쌓아올려 다양한 색의 빛을 넣은 예술 감각은 세계인에게 영감을 주기에는 충분했다. 이렇듯 대한민국의 기술적 발전을 세계에 알리는 출발점이 아닐까 한다. 최근에는 그의 탄생 90주년을 기념하여 구하기 힘든 브라운관 모니터를 LCD로 교체하여 관람객들에게 선보일 예정이라는 입장이 나오자 실감과 조형미를 지켜야 한다는 목소리도 나오고 있다.

　그러므로 예술은 인간의 생활을 탐구하여 사회에 담아내는 미학이다. 쓰레기 더미가 예술이 되는 것을 누구도 예상하지 못하듯 인간의 삶도 탄생과 소멸하는 삶이 예술이다. 더욱이 우리는 어두움과 밝음이 있기 때문에 비로소 아름답다고 표현

한다. 인간의 관찰과 경험으로 세상을 담고 있는 하나의 예술로 나온다. 이 과정에서 아름답지 않은 결과물은 없으며 예술에는 모든 것이 존재한다. 그러므로 창작물 자체가 예술이다.

인간 자체가 예술이다.

10

인간의 광기는
사회화의 부재인가

10

인간의 광기는 사회화의 부재인가

아리스토텔레스는 인간은 사회적 존재라고 보았다. 그렇기에 오랫동안 공동체를 형성하고, 규칙을 지켜 생활해 왔다. 그러나 도덕적 생활에 적응하지 못하거나, 그 질서가 모든 사람을 포용하기는 어렵다. 때문에 무리 속에 소외된 사람이 존재한다. 우리는 이들을 외면하고 소외한다. 한 정신병원에서는 광기의 병적 형태로 보이는 조현병으로 밝힌 환자가 사람을 흉기로 찔러 뉴스에 보도된 바가 있다. 그리고 그들이 문제를 일으키지 않기 위해선 철저한 감시와 격리가 필요하다.

킴 파란트 감독의 엔젤 오브 마인은 7년 전 사고로 죽은 아

이에 대한 그리움이 허약함의 징후로서 비이성적 행동으로 리지는 정신질환에 놓였다. 여기서 우리는 그녀의 행동이 그리움에 대한 심리적 변화의 요인인지, 심층적으로 들여다보겠다. 변화는 우연히 아들의 친구 집에서 보게 된 여자아이를 자신의 자식이란 확신에서 시작한다. 그녀는 그 사실을 밝히기 위해서 아이의 침실에 들어가는 등 자신의 딸임을 증명했다. 여기서 중요한 것은 리지가 자신의 딸임을 밝혀내기 전까지 가족과 주변 사람들은 그녀를 정신이상자로 취급했다는 점이다. 그리고 한 가지 의문점이 든다. 이 정신질환은 병인가, 광기인가.

과학주의 전 광기란 영적인 신비로운 힘을 뜻했지만, 현재는 비이상적이고 혼미한 상태를 일컫는 정신병이라고 의미한다. 고대에는 인간 경험의 통상적 일부로서 자연스럽게 받아들여졌으며. 질병으로 인식되지 않았다. 오히려 영적인 힘으로 신에게 다가가는 통로라고 믿었다. 소수는 광인들을 신성한 인간 혹은 신의 대리자로도 보았다. 이러한 까닭에 공물을

신에게 바치며 조언을 구하기도 하며, 자연의 이치 앞에서 인간에게는 동아줄과도 같았다. 심지어 권력자들은 그들의 능력을 정치적으로 이용하기도 했다.

17세기에 이르러 광인들에 대한 인식이 바뀌었다. 당시 프랑스의 철학자 '나는 생각한다, 고로 존재한다'는 데카르트의 명제는 인간은 이성적 사고를 지닌 존재로 보았다. 이는 이성과 광기 사이를 구분 짓는 경계선을 생성하였고, 결국 광인들은 정신이상자, 주색잡기에 빠진 방탕자, 이단자, 이민자, 거지, 매독 환자, 동성애자 사회약자 등 사회 부적응자로 낙인찍혔다. 그러나 대중들은 여기서 멈추지 않고 종교적 이유를 근거로 두 번 결혼하는 여인을 이단자로 몰아 마녀사냥 했다. 심지어 괴롭히거나, 모욕감을 주는 발언을 멈추지 않았으며, 산 사람을 화형 시켜 그들을 악으로 몰아갔다. 게다가 광인들의 팔과 다리를 잘라낸 후 격리된 공간에 가둬두고 짐승을 키우듯 관리하였다. 근대에서는 자유권에 의하여 일어날 수 없던 일들이 일반적인 혐오에 의해 개인을 가두는 것에 잠시 윤리적으로 타당한지 의심해 본다.

특별한 힘을 가진 이탈리아의 조각가 미켈란젤로는 오랜 시간에 걸쳐 시스티나 성당의 천장화를 위대한 작품으로 남겼다. 그는 식욕과 수면욕을 뛰어넘고 오로지 그림에만 집중하여 가히 최고라 불릴 만한 기하학적인 장식을 도입한 능력을 과감하게 펼쳐냈다. 이는 광기인가? 예술인가? 다빈치의 인체해부도는 오늘날의 초음파에서 보이는 태아의 모습에서 그의 능력은 신이 내린 손, 광기는 레오나르도 다빈치, 독일의 베토벤도 개개인의 분야에서 집요한 집중력으로 정점에 이르렀다. 오늘날 대중들이 아티스트들의 광적인 모습에서 예술의 혼이라고 칭하기도 한다. 이러한 예술분야에서는 광기가 연쇄 작용하여 새로운 작품을 탄생시킨다.

광기는 문학에서도 존재한다. 영국의 대문호 셰익스피어의 리어왕은 막내딸에 대한 집착으로 고통의 굴레에 빠졌다. 그럼에도 리어왕의 광기는 멈추지 않았다. 그는 막내딸을 소유하기 위해 이성을 망각하고 말았다. 그렇기에 광기는 누구에게나 존재하며, 누구에게나 존재하지 않기도 한다. 그리고 인간의 내면에 있는 힘이 창조성을 나타내며 사회를 변화시킨다.

18세기 말에서 19세기 초에 일부 성직자와 의사들은 광인들의 비참한 현실을 동정했다. 그들은 광인들을 쾌적한 시설로 옮겨 돌보기 시작하였다. 이는 인간의 공리를 지켜 내기 위해 팬옵티콘을 주장한 제레미 벤담에 의한 것으로 해석된다. 그러나 그들의 삶은 오히려 악화되었다. 격리된 시설은 이성을 제한하였기 때문에 그들의 실존은 짓밟혔다. 더욱이 사회는 격리된 광인들의 문제를 우리의 문제로 받아들이고 있지 않고 정신적인 구속이 인간의 내면에서부터 갉아먹은 것으로 오히려 사회의 악으로 낙인찍혀 안타까울 뿐이다.

미셸 푸코는 감시와 처벌에서 우리가 그들을 광기라고 보는 이유는 이성에 의해서라고 판단했다. 그렇다면 광인들을 감시

광기는 상황에 따라 개인에게
이로울 수도, 해로울 수도 있다.

하고 처벌하는 사람들이 과연 이성적인가? 오늘날 정신병 환자들을 사회로부터 격리시키는 것이 도덕적인가? 20세기에 들어 사회는 더욱더 그들을 격리와 감시만을 하고 있다. 오로지 약물만을 투여하여 행동을 억제할 뿐이다. 마치 교도소에 수용된 흉악범들처럼 말이다. 그러나 그들에게는 약물치료가 아닌 행동과 사회화, 정신적 지지와 동일한 다양한 치료 과정이 요구된다. 결국 조현병으로 규정하여 사회에 배척받는 환자들에 대한 인식 변화가 우선이다.

하지만 현재의 사람들은 광기에 대한 시선은 극도로 부정하며, 의사들조차도 그들은 철저한 관리가 필요하다고 운운하고 결국 하나의 사회를 형성하는 벽을 세우는 격이다. 환자들의 대부분은 산업 사회에 부모를 빼앗겨 부모의 유착관계가 부제된 것으로 밝혀졌다. 여기서 아이는 아침마다 부모의 사랑을 갈망한 까닭에 반복되는 일상이 아이의 정서에 영향을 끼친 것으로 해석된다. 정신분석학자인 프로이드는 0세~6세까지 발달과정이 평생에 삶을 지배한다고 보았다. 그리고 잠복

기를 거쳐 성인이 된 20세에 사회문제로 드러나거나, 정신질환에 시달린다고 밝혔다. 그렇기에 광기는 누구에게나 존재하지만, 정도의 차이가 사회에 악을 끼치기도 하고, 사회에 기여하기도 한다.

따라서 인류는 진리를 탐구하여 이성적 존재임을 인식한다. 이성적 인간은 서로 다른 가치관과 실존을 가지고 있다. 어떤 사람은 음악에서 천부적인 재능을, 그리고 한 개인은 뛰어난 미적 감각을 지니고 태어난다. 그러나 자신의 재능에 두각을 나타내지 못하는 광인들은 시설에 들어가 감시 받는다. 이러한 까닭에 이들을 평생 격리하는 일은 도덕적으로 볼 수 없다. 그들에게도 자유권이 보장되어야 함으로.

참고문헌

· 니체, 『니체, 디오니소스적 긍정의 철학』, 책세상, 2005

· 니체, 『짜라투스트라는 이렇게 말했다』, 문예출판사, 2006

· 조지오웰, 『1984』, 문학동네, 2009

· 미셸 푸코, 『감시와 처벌』, 나남출판, 2007

· 앙드레 베르제르·드 니 위스망, 『프랑스 고교 철학 인간학 철학
  형이상학』, 삼협종합출판, 2005

· 미셸푸코, 『광기의 역사』, 나남출판, 2006

· 프로이드, 『정신분석강의 상·하』, 열린책들, 1997

| MEMO |

| MEMO |

| MEMO |

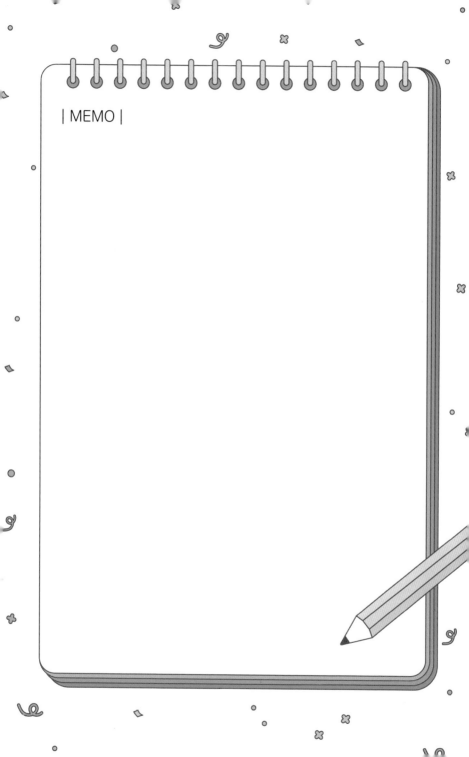

| MEMO |

| MEMO |

| MEMO |

| MEMO |

| MEMO |

| MEMO |

우리는
알아야
한다

ⓒ 송정주, 2022

초판 1쇄 발행 2022년 9월 5일

지은이   송정주
그린이   송정주
펴낸이   이기봉
편집   좋은땅 편집팀
펴낸곳   도서출판 좋은땅
주소   서울특별시 마포구 양화로12길 26 지월드빌딩 (서교동 395-7)
전화   02)374-8616~7
팩스   02)374-8614
이메일   gworldbook@naver.com
홈페이지   www.g-world.co.kr

ISBN   979-11-388-1214-6 (03330)